Un corazón en llamas

SAN JUAN EUDES:
Modelo para la nueva evangelización

Escrito por Steven S. Marshall

Traducido por p. Juan Gabriel Castillo, CJM

**Editado por pp. Carlos Valencia, CJM
y Eleuterio Mireles, CJM**

Fotos de Ri cortesía del p. Ernesto Torres, CJM. Dibujos por Alain d'Orange, de sus ilustraciones en *Saint Jean Eudes*, escrito por p. Robert de Pas, CJM, París: Éditions Fleurs, 1969, Primera publicación sin derechos de autor, ahora en el dominio público.

ISBN: 978-1-7330674-0-9

Publicado por

EUDIS†
PRESS

PO Box 3619
Vista, CA 92085-3619
eudistsusa.org

THE
EUDISTS
CONGREGATION OF
JESUS AND MARY

Tabla de contenido

Introducción

Un corazón en llamas

"He venido para prender fuego al mundo,
y cómo desearía que ya estuviera ardiendo "
— Lucas 12:49

Fuego. *"Quiero correr hacia París, a través de los pasillos de la Sorbona y otras universidades, gritando '¡Fuego! ¡Fuego! ¡Los fuegos del infierno envuelven al mundo entero!*

Vengan, estimados doctores, vengan santos padres y clérigos, ¡ayúdennos a extinguir este fuego! ... Miles de almas mueren por falta de aquellos dispuestos a tenderles la mano "[1].

Estas son las palabras de San Juan Eudes, misionero para los más necesitados de misericordia, evangelista para católicos caídos y educador de sacerdotes. A menudo es retratado con un corazón en llamas en la mano, porque su vida fue impulsada por un ardiente amor por el pueblo de Dios. De hecho, él era un hombre simple de origen humilde. ¿Cómo se convirtió en un santo? ¿Qué significa su vida como misionero para nosotros hoy?

Capítulo Uno
Un adorador de la Verdad

¨Conocerán la verdad, y la Verdad los
hará libres ¨

— (Juan 8:32)

Juan Eudes comenzó su vida de fe al igual que el resto de nosotros: en las aguas del bautismo. En 1601, nació en Ri, una pequeña aldea en Normandía, Francia. Su nacimiento, sin embargo, fue una respuesta a la oración. En su autobiografía, San Juan Eudes nos dice:

"Mi padre y mi madre estuvieron casados durante tres años sin poder tener hijos, debido a una maldición que se les había impuesto. Luego hicieron una peregrinación en honor a la Santísima Virgen, yendo al santuario de Notre Dame de la Recouvrance ... Luego, mi madre, después de estar embarazada, ella y mi padre regresaron a la misma capilla donde me ofrecieron y consagraron a Nuestro Señor y Nuestra Señora "[2].

En este momento de la historia, la caza de brujas era algo muy común, y la gente normalmente creía en las maldiciones, especialmente en las aldeas rurales. Lo que fue sorprendente fue la respuesta a la oración de

3

SEPTEMBRE 1853
NOUS SOMMES TROIS FRÈRES ADORATEURS DE LA VÉRITÉ
L'AINÉ LA PRÊCHE LE CADET L'ÉCRIT
ET MOI JE LA DÉFENDRAI JUSQU'A MON DERNIER SOUPIR

los padres. Juan fue el primero de siete hijos y los tres muchachos se hicieron famosos por sus obras. Una placa en un monumento en Ri cita al hermano menor de Juan, quien dijo: *"Nosotros, tres hermanos, somos Adoradores de la Verdad". El mayor lo predicó, el siguiente lo escribió, y yo, lo defenderé hasta mi último aliento.*

"Juan se hizo famoso por las misiones que predicó, similar al Billy Graham de hoy. Francois, el hermano de en medio, se convirtió en historiador real y miembro de la famosa Academia Francesa. Charles, el siguiente en la fila, se convirtió en magistrado de la ciudad y era conocido por sus altos estándares morales. Cada uno de nosotros comienza nuestra vida de fe con un cierto patrimonio. El padre de Juan, Isaac Eudes, era un granjero trabajador y el médico del pueblo. Les enseñó a sus hijos a saber lo que es correcto, a enfrentar la realidad y a ser persistentes al hacer lo que hay que hacer. Desde temprana edad, Juan conectó esta actitud con las Escrituras. Una vez, mientras jugaba con otros niños en la ciudad, otro niño le dio una bofetada en la mejilla. La respuesta de Juan fue poner la otra mejilla. Él había escuchado la frase de la Biblia; así que, en una fe infantil, dejó que la verdad afectara sus acciones.

Sin embargo, no todas nuestras influencias de la infancia son positivas. Al reflexionar sobre su vida, Juan describe su parroquia como un lugar donde el catolicismo era cultural, en el mejor de los casos: *"Había muy pocas instrucciones para la salvación, y muy poca gente alguna vez comulgaba, excepto durante el tiempo de Pascua. Yo, comencé a conocer a Dios cuando tenía alrededor de doce años, a través de una gracia muy especial de su bondad divina, y a recibir la comunión cada mes después de hacer una confesión general "*[3].

De hecho, ni las clases de catecismo parroquial ni la recepción regular de la Eucaristía se practicaban comúnmente en Francia en ese momento. Hasta el Edicto de Nantes, firmado en 1598 (solo tres años antes del nacimiento de Juan), la ley era "cuius regio, eius religio", lo que significa que los ciudadanos debían simplemente aceptar la religión de su rey. El catolicismo, a menudo se convirtió en una afiliación política, y sus ritos a menudo se reducían a la rutina o la superstición. En resumen, prácticamente todos los nacidos fueron bautizados, pero a muy pocos se les enseñó el milagro de lo que ocurre en los sacramentos.

Dios, en su providencia, más tarde convertiría a Juan en un misionero para enseñar la dignidad y las obligaciones que se nos otorgan en el bautismo. Sin embargo, para llegar a ese punto, se necesitaría alguna ayuda.

La primera influencia en la vida de Juan que le mostró una fe diferente al estatus quo fue Madame de Sacy, la esposa del barón local, que era dueña de una pequeña mansión en Ri. Su catolicismo fue diferente: fue emocional y activa, y despertó la curiosidad de John.

Ella formó parte de un grupo de oración que se reunía en París para leer las obras de los místicos, especialmente Teresa de Ávila y Juan de la Cruz. El grupo fue fundado por el cardenal de Berulle, que era amigo íntimo de San Francisco de Sales. El grupo reunió a sacerdotes fieles con la alta sociedad de París y estuvo a la vanguardia de lo que se llamó una "invasión espiritual" en Francia. Para Juan, tener contacto con esta nueva ola de evangelización en un pueblo remoto de 200 personas fue sorprendente, por decir lo menos, pero fue el primero de muchos puntos de inflexión en su viaje como un adorador de la verdad, y una herramienta en la mano de Dios.

Capítulo Dos

Un amante de Jesús y María

"Amaba la sabiduría y la busqué desde mi juventud. Deseé tomarla por novia mía. "

— Sabiduría 8: 2

Al principio, no era la intención de los padres de Juan enviarlo a la escuela. Sin embargo, cuando tenía 14 años, parecen haber cambiado de opinión. En Caen, la ciudad cercana, Juan estudió "humanidades", un nuevo tipo de educación promovido por los jesuitas, que incluía la filosofía, la retórica y la literatura clásica en latín y griego. La atención se centró en ser capaz de comprender la cultura humana y participar en la vida civil. Al principio, Juan no era un estudiante brillante, pero era curioso y muy trabajador.

Aquí, también comenzó a desarrollar una vida interior, gracias a la formación espiritual y al ejemplo de sus instructores jesuitas. Le enseñaron una forma de orar que no era simplemente repetir fórmulas establecidas, sino involucrar a la mente y la imaginación, para hablar con el Señor como una persona real. Él haría preguntas en su oración, y él encontraría una respuesta. Fue un comienzo temprano para una relación, y luego, en una conversación con la Santísima Virgen, él le agradeció por esta oportunidad:

"¡Cuánto estoy en deuda contigo, Madre de Bondad, por inspirar a mis padres a ponerme bajo la disciplina y la dirección de la santa Compañía de Jesús, en la ciudad de Caen ... enseñada por el Padre Robin, un regente virtuoso y piadoso que habló de Dios a menudo y con extraordinario fervor, y que me ayudó más de lo que puedo decir en asuntos de salvación ... Fue aquí, oh Madre de Gracia, que recibí una de las más grandes gracias de mi Dios, a través de tu intervención!"[4].

¿Cuál fue esta gran gracia? Juan era miembro de un movimiento mariano que los jesuitas habían formado con algunos de los estudiantes, que propuso una consagración a María. En el fondo del corazón de Juan, algo le decía que esta consagración era un llamado a imitar la virginidad de María y convertirse en sacerdote. Fue una decisión importante para un joven de 17 años, pero estaba dispuesto a dejar que la fe y su relación con Dios cambiaran su vida. Se dice que colocó un anillo en el dedo de la estatua de María, como una forma de expresar esta decisión y pedirle ayuda para cumplir su promesa.

Tan sólo unos años antes, el mentor de la Señora De Sacy, el cardenal de Berulle, fundó el Oratorio de Jesús y María en París. El grupo de sacerdotes, laicos y religiosos reunidos alrededor del Cardenal constituía un "valle de silicio" de espiritualidad, un vehículo de reavivamiento en el sacerdocio, y un movimiento para extender la renovación que recién comenzaba en la ciudad. Después de graduarse de su escuela de jesuitas, John decidió irse de Normandía a París, donde podría formar parte de esta emocionante misión.

Sus padres fueron el único obstáculo. Recientemente habían intentado arreglar un matrimonio para él, pero él respondió que ya estaba comprometido con alguien más hermosa, más noble y más rica: María.

"De todos modos, el padre de Juan quería que él heredara la granja y continuara su legado, y la terquedad familiar no facilitó la discusión. Un día, Juan decidió que era hora de irse, a pesar de la oposición de sus padres. Empacó sus maletas y montó su caballo para partir; sin embargo, el animal se negó a moverse.

Pudo haber sido sólo una coincidencia, pero la conciencia de Juan ya estaba ardiendo y él la vio como una comunicación de Dios. Bajó del caballo, regresó a su casa y humilmente le pidió permiso a su padre. Milagrosamente le otorgó el permiso.

Capítulo Tres

Un discípulo y evangelista

"Aun siendo Hijo, aprendió la obediencia
a través de lo que padeció"

— Hebreos 5: 8

Cuando San Juan Eudes llegó, París fue escenario de una gran transformación. El Concilio de Trento había tenido lugar en Italia 50 años antes, pero no fue aceptado por los obispos de Francia hasta 1615. Vicente de Paúl, consternado por el contraste entre las riquezas de París y la pobreza de las provincias, fundó su primera sociedad caritativa en 1617, y sentó las bases para la enseñanza social de la Iglesia. En 1619, Francisco de Sales publicó la *Introducción a la Vida Devota,* que presentó la idea radical de que era posible que un cristiano alcanzara la santidad fuera de un convento o monasterio. Fue un momento de fervor evangélico, y los líderes de esta renovación llegaron a ser conocidos como la Escuela Francesa de Espiritualidad.

En 1623, Juan Eudes tocó la puerta del Oratorio para pedir permiso al cardenal de Berulle para unirse. Imaginen la escena: un campesino de la nada en el umbral de una nueva iglesia en los terrenos del palacio, precisamente al lado del Louvre. Parece que el cardenal quedó impresionado por la forma en que se presentó porque Juan fue admitido de inmediato y comenzó su formación como miembro del oratorio el 25 de marzo, seis días después. Berulle se convertiría en su mentor personal y padre espiritual.

El foco de la espiritualidad de Berulle fue la Encarnación. Insistió en que la vida de Cristo en la tierra nos enseña cómo vivir la vida diaria como cristianos.

Si realmente creemos eso, tiene implicaciones importantes para todo lo que hacemos, especialmente dentro de la Iglesia. En la época de Berulle, vio que se buscaba el sacerdocio como una forma de obtener poder y los "beneficios" lucrativos que provenían de ser un pastor, obispo o abad. Pero el sacerdote, más que cualquier otro, está llamado a imitar a Cristo, *"que se vació a Sí mismo, tomando la forma de un esclavo, viniendo en forma humana ... Se humilló a Sí mismo, llegando a ser obediente hasta la muerte, incluso la muerte en una cruz "*(Filipenses 2: 7-8). En su vida y en su muerte, Jesús se derramó totalmente en amor por nosotros, y cada momento de su vida lo pasó compartiendo el Evangelio. Por lo tanto, un sacerdote debe hacer lo mismo.

Este llamado radical resonó profundamente en el corazón de Juan Eudes. Con la ardiente pasión de su juventud y todo lo que tenía a su disposición en París, podía estar activo día y noche. Fue un gran contraste con su pequeño pueblo de Normandía. Famosos predicadores comenzaron a atraer multitudes de miles, los nuevos movimientos de laicos se encontraban en casas y salones para grupos de oración, y Juan se involucró en todo lo que pudo. También se dedicó al estudio de las Escrituras y los Padres de la Iglesia. Su fervor fue tan grande que incluso le dieron permiso para comenzar a predicar antes de ser ordenado.

En 1625 (el mismo año en que Juan Eudes fueordenado), un sínodo de obispos se reunió en París para discutir un asunto clave para la iglesia en Francia. El Concilio de Trento había ordenado a cada diócesis establecer un programa de formación para sus sacerdotes. Hasta este punto,

los sacerdotes no tenían educación formal, y casi todos los candidatos fueron enseñados siguiendo a otro sacerdote como aprendiz. De hecho, la expresión "hocus pocus" (una simplificación impropia de las palabras de la Consagración "Hoc est corpus meum",) fue acuñada en los años previos a esta reforma, ya que los sacerdotes con poca comprensión de las oraciones latinas improvisaron las palabras de la consagración.

La sugerencia del Concilio de Trento fue fundar instituciones permanentes llamadas "seminarios", pero como todas las ideas nuevas, la dificultad sería descubrir cómo hacer que funcionen. Durante el siguiente siglo, este proyecto estaría encabezado por los maestros de la Escuela Francesa de Espiritualidad como San Vicente de Paúl, el cardenal Berulle, Jean-Jacques Olier (fundador de los sulpicianos) y San Juan Eudes.

Las actas de este sínodo fueron de gran interés para Juan Eudes; sin embargo, su ambición ya había avanzado rápido en él. Su primera asignación después de la ordenación fue dos años de reposo en cama en el santuario de Aubervilliers. La causa más probable es que se había agotado por completo y necesitaba recuperarse antes de poder continuar su trabajo apostólico. Debe haber sido difícil dejar de lado sus deseos ardientes, aceptar humildemente sus límites humanos y ser obediente, pero más tarde, llegó a verlo como la voluntad de Dios:

"*En los años 1625 y 26, Dios me concedió una debilidad corporal que me expulsó del trabajo exterior. Me dio estos dos años para ser empleado en un retiro, para atender mi vida de oración, leer libros de piedad y otros ejercicios espirituales. Este tiempo me fue dado como una gracia particular, por la cual debo bendecir y agradecer eternamente su bondad divina* "[5].

Capítulo Cuatro

Un Misionero de la Misericordia

"Por la misericordia de Dios, ofrézcanse como sacrificio vivo, santo y agradable a Él"

— Romanos 12: 1

Una vez recuperado de su cansancio, Berulle lo llevó de regreso a París para continuar su entrenamiento como predicador. Sin embargo, el Señor tenía otros planes para él.

Tan pronto cuando llegó Juan, su padre le envió una carta con noticias urgentes: la plaga había estallado en Séez, su diócesis natal. Cientos sufrían y morían solos. Ningún sacerdote se acercaba a las víctimas por miedo a la contaminación. Si Juan acudiera en su ayuda, no sólo podría consolar a los moribundos, sino que podría proporcionar los sacramentos para fortalecer su esperanza de vida eterna. Fue una misión peligrosa, pero una solicitud directa.

Lo llevó a la oración, preguntando si esta carta de su padre terrenal representaba un llamado de su Padre celestial también.

También fue a discutirlo con Berulle. Estas almas no tenían a nadie que las ayudara, entonces ¿cómo podía negarse? Especialmente si fue llamado a ser un pastor según el corazón de Dios, el Buen Pastor que

entregó su vida por sus ovejas. Juntos, decidieron que debería irse. Juan tomó un pequeño altar portátil y utensilios para la celebración de la Santa Misa, y se fue como un "misionero de misericordia"; un título que utilizaría a lo largo de su vida. Tristemente, este fue el último consejo que recibió de su mentor. En 1629, apenas un año después, el cardenal De Berulle moriría de una enfermedad repentina.

Al llegar a Normandía, hizo todo lo que pudo para aliviar el sufrimiento de las víctimas, y para muchos, estuvo con ellos en los momentos finales de sus vidas. Apenas la peste pasó en un área, estalló en otra. En 1631 golpeó a Caen, y Juan regresó a la ciudad donde asistió a la escuela. Aquí, los enfermos fueron puestos en cuarentena en un campo fuera de las murallas de la ciudad, protegidos por enormes barriles hechos para la sidra normanda. En lugar de vivir en la comunidad oratoriana que se había establecido en la ciudad, Juan se trasladó también a este campo, también viviendo en un barril. De esta manera, compartió las condiciones de aquellos a los que sirvió y mantuvo a sus hermanos sacerdotes fuera del alcance del contagio.

Para su primer ministerio público como sacerdote, esto no es lo que originalmente había planeado. Sin embargo, él creía que era la voluntad de Dios. En Caen, conoció a otros que eran igualmente serios para seguir el llamado del Señor, pero que no eran sacerdotes. Esto tuvo una influencia importante en su comprensión de la Iglesia y la vida cristiana. Uno de ellos era Gaston de Renty, un joven barón de la próxima ciudad al oeste. Al mismo tiempo, estaba respondiendo a la misma llamada que Juan Eudes, cuidando a las víctimas de la plaga a riesgo de su propia vida. Era un laico, casado, con cuatro hijos, apodado el "Mosquetero de la Iglesia" o "El brazo derecho de Vicente de Paul".[6] Más tarde se convertiría en uno de los amigos más íntimos de Juan, y su ejemplo muestra que la ordenación no es un requisito para responder al llamado de Dios para ser un misionero de su amor.

Otro personaje importante fue Madame Laurence de Budos, la joven abadesa del convento benedictino que era dueña del campo donde vivía Juan en su barril. Llevaría las comidas al barril de Juan Eudes durante la plaga, siendo la única dispuesta a correr el riesgo de contagio. Inmediatamente los dos desarrollaron una profunda amistad basada en un espíritu misionero común. Su misión era en el mundo, la suya estaba en el convento. En toda Francia, la vida religiosa necesitaba una reforma, y el "Convento de las Damas" no fue la excepción. Los lagartos y las zapatillas de seda se habían convertido en la norma, y se hablaba más de jalea y mermelada que de oración. Ella había pasado 25 años tratando de enseñar a sus monjas cómo vivir una vida cristiana. Cuando Juan Eudes apareció en su patio trasero, ella estaba asombrada. Era un ejemplo viviente de dejar de lado sus propios intereses para seguir la voluntad de Dios. Esa es la vocación fundamental que unió a estos tres: una abadesa, un sacerdote y un hombre de familia.

Hoy en día, conocemos este concepto como el "llamado universal a la santidad". Fue un gran énfasis del concilio Vaticano II, pero Juan Eudes lo desarrolló significativamente en el siglo XVII. De hecho, se convirtió en la piedra angular de su enseñanza. En un libro llamado *El contrato del hombre con Dios por el Santo Bautismo,* él dice:

"Quien lleva el nombre de cristiano está obligado a seguir a Jesucristo en la santidad de su vida y sus acciones. En consecuencia, es pura locura pensar que sólo los sacerdotes y los religiosos son llamados a una vida de santidad".[7] Continúa recordándonos los" términos "de este contrato: los

La pila bautismal en Ri, donde Juan Eudes recibió su llamada a la santidad en 1601.

dos maravillosos dones que Dios nos da por adopción en Su familia y su incorporación a su cuerpo, y la respuesta que le debemos: agradecimiento y fidelidad en nuestra vida diaria.

Capítulo Cinco

Formando el Reino de Jesús

"Ya no soy yo quien vive, sino que Cristo
vive en mí"

— Gálatas 2:20

Después de que la peste se extinguió en Caen, Juan comenzó el trabajo
normal de un oratorio, como misionero en las parroquias católicas. Las
misiones fueron el principal vehículo de la reevangelización de Europa
en su época, y muy diferentes a las misiones parroquiales que conocemos hoy. Un grupo de sacerdotes misioneros sería enviado a una ciudad
por el obispo para predicar todos los días durante semanas, a veces
durante meses. Generalmente se ofrecían sermones en la iglesia, pero
los misioneros también salían a la calle: colocaban carros para cuidar a
los descuidados y juntaban grupos de trabajadores, niños, madres, sol-
dados y otros grupos pequeños para una catequesis especial. Su objetivo
era principalmente alcanzar católicos caídos, llamándolos a dejar atrás

lo que sea contrario al Evangelio, hacer una buena confesión, recibir la Eucaristía y comenzar a vivir realmente su fe.

Juan Eudes pasó 45 años de su vida en este apostolado, predicando más de 100 misiones durante su vida, cada una frente a miles de personas. Él fue hecho para eso, también. Un contemporáneo lo describe como:

"Un hombre pequeño, pero con una voz que era poderosa y hermosa. En la predicación, empleó una gran cantidad de emoción, una facilidad de expresión y una imaginación vívida y fructífera, llena de comparaciones familiares. Sus instrucciones eran sencillas, fáciles de seguir para cualquiera, y siempre daría algún tipo de fruto "[8].

Otro resumiría a su personaje diciendo *"Era como un león en el púlpito, pero un cordero en el confesionario".*[9]

A diferencia de algunos predicadores de su época, insistió en escuchar confesiones personalmente, y pasó muy largas horas con los penitentes. Le gustaba decir: *"Los predicadores golpean los arbustos, pero son los confesores quienes atrapan a los pájaros".*[10] Esto también le dio una idea de las luchas reales de las personas a las que predicó. También insistió en visitar a las familias en sus casas, a las que llamó la "Iglesia doméstica".[11] Jugaría con los niños, escucharía a los padres y les

enseñaría a orar juntos como familia. En este contexto, compartiendo la vida cotidiana de los fieles, escribió su primer libro: un pequeño folleto llamado *"Ejercicios de piedad"*.

Su panfleto satisfizo una necesidad muy real, y rápidamente se quedó sin copias. Antes de volver a imprimirlo, se tomó el tiempo de expandir, profundizar ciertos temas y finalmente produjo su obra maestra en 1637, titulada: *"La vida y el Reino de Jesús en el alma del cristiano"*. Explicó un camino a la santidad para el cristiano cotidiano, pero desde una nueva perspectiva que era a la vez simple y profunda. En el primer capítulo, explica la base:

"Cuando los cristianos oran, continúan y completan la oración de Jesús; cuando trabajan, continúan y completan la vida laboral de Jesús ...

lo mismo cuando tienen una comida, o descansan ... y demás, en todas las demás acciones cotidianas que se realizan de manera cristiana.

Ahora puedes ver qué es la vida cristiana: una continuación y realización de la vida de Jesús. Debemos, por lo tanto, ser tantos otros 'Jesuses' en la tierra, para continuar Su vida y su obra ".[12]

En el libro, propone ejercicios que son "factibles o fáciles de hacer" para cualquier persona: consisten en encontrar pequeñas oraciones para decir durante las acciones habituales de nuestra vida para recordarnos que Jesús también las hizo. Luego, al contemplar a Cristo en nuestra vida y acciones, podemos desarrollar las mismas actitudes, reacciones y deseos que tuvo durante su vida en la tierra. Pronto, a través de nuestros esfuerzos y de la gracia que nos llega a través de nuestro bautismo, podemos comenzar a decir con San Pablo que *"ya no soy yo quien vive, sino que Cristo vive en mí"* (Gálatas 2:20).

Su libro se convirtió rápidamente en el libro más vendido y fue republicado 20 veces durante su vida. En sus misiones, llegó a ser conocido como la "maravilla de su tiempo", y las multitudes venían de muchos kilómetros a la redonda para escucharlo predicar. Estaba usando los medios masivos de comunicación de su tiempo. Su objetivo era compartir una forma muy concreta de tomar conciencia de la presencia de Cristo en nuestra vida cotidiana, y a través de esa toma de conciencia, entrar en una relación con Él.

Continuó desarrollando este tipo de espiritualidad práctica en otro libro llamado *Catecismo de las Misiones*. Incluía una dirección espiritual personalizada para diferentes ámbitos de la vida: policías, farmacéuticos, hombres de negocios, etc.

Capítulo Seis

Un pastor para los pastores

"Cuida bien el rebaño de Dios en medio
de ti".

— 1 Pedro 5; 2

Además de su enseñanza sobre el bautismo y la espiritualidad práctica en sus libros, Dios también usó a Juan Eudes para darle a la Iglesia
nuevas comunidades religiosas. Comenzó con un descubrimiento que
hizo durante sus misiones, que Dios lo llamaba a servir a dos grupos de
personas: sacerdotes y prostitutas.

La prostitución se había generalizado entonces, y en sus misiones,
muchas mujeres involucradas en ello llegaron a su confesionario. Al es-
cucharlas, Juan vio que necesitaban algo más que catequesis para cambi-
ar su vida. A menudo no tenían otra forma de ganar dinero, ni un lugar
para vivir, o estaban heridas en un nivel emocional o psicológico.

Una vez más, era un grupo de almas desesperadamente necesitadas
de misericordia, pero la mayoría de la gente de la Iglesia temía involu-

crarse. La respuesta de la sociedad en ese momento era simplemente meterlos en la cárcel, pero a los ojos de Juan Eudes, lo que más necesitaban era amor. Inicialmente, encontró a algunos laicos dispuestos a llevar a las mujeres a sus casas, pero esto era un peso pesado para sus familias y una solución temporal en el mejor de los casos. Lo llevó a la oración y le pidió consejo a sus amigos en Caen. En 1641, Jean de Bernières y la familia Blouet de Camilly lo ayudaron a alquilar una casa que llamaron "el Refugio". Entonces Marguerite Morin se adelantó, una joven que tuvo una conversión durante una de las misiones de Juan. Se mudó al Refugio, junto con otras dos o tres personas, para vivir con las mujeres como cuidadoras y amigas de tiempo completo. Esta fundación inicial se desarrollaría más tarde en las Hermanas de Nuestra Señora de la Caridad, ahora conocidas como las Hermanas del Buen Pastor.

El llamado a ayudar a los sacerdotes diocesanos fue más complejo. Juan Eudes notó que cuando regresaba a un pueblo un año o dos después de una misión, la vida de los fieles no era mejor que cuando llegó. Al mirar más profundo, se dio cuenta de que los sacerdotes no tenían más formación que los laicos, y no estaban equipados para mantener el progreso que había comenzado en las misiones.

San Vicente de Paúl también realizó misiones en este momento y había visto el mismo problema. Su respuesta fue dar catequesis a los sacerdotes todos los martes por la noche, pero estaba claro que se necesitaban más. En 1641, John Jacques Olier, que más tarde fundaría a los sulpicianos, había tratado de establecer un seminario en Chartres, pero no pudo encontrar una manera de financiar la necesidad diaria de comida y alojamiento. Fue forzado a cerrar antes de fin de año.

Este mismo año, Juan Eudes fue enviado como delegado al consejo general del Oratorio en París. P. Condren, el sucesor del cardenal Berulle, acababa de morir, y el concilio había sido llamado para elegir un nuevo superior. Berulle había fundado el Oratorio para el renacimiento del sacerdocio, y Condren, en el mismo espíritu que su predecesor, había estado desarrollando el proyecto de un seminario. Sin embargo, parece que el nuevo superior general no estaba tan interesado en una propuesta tan arriesgada.

Después de este decepcionante Consejo General, Juan Eudes continuó sus misiones y también comenzó a dar catequesis semanales para los sacerdotes. Más tarde en 1641, recibió una sorpresa durante una misión en Coutances, cuando se le pidió que realizara un exorcismo a una mujer llamada Marie des Vallées.

Ella era una figura controversial: algunos decían que estaba poseída, otros la llamaban santa. Él realizó el exorcismo, pero su comportamiento no cambió. Los expertos ahora dicen que ella parece haber tenido un trastorno obsesivo compulsivo, así como una intensa vida mística. Detrás de todo esto había un corazón que amaba profundamente a Jesús y María, y en ella, Juan Eudes descubrió un espíritu afín que se convertiría en una de sus mejores amigas. Sorprendentemente, en este primer encuentro, ella le contó de una revelación que había escuchado del Señor en oración, que su idea de *"establecer [un grupo de sacerdotes para fundar un seminario] era agradable a Dios, y que Él mismo había inspirado esto. idea.* "[13] Quizás sea difícil de creer, dada la resistencia de sus superiores. Sin embargo, la Providencia rápidamente dejó claras sus intenciones.

Al año siguiente, en 1642, Juan recibió una carta del secretario de Estado, el cardenal Richelieu, invitándolo a París a conversar. Parece que el cardenal también había notado la necesidad de formación y preguntó si Juan Eudes estaba interesado en fundar un seminario. Ofreció cartas de aprobación real que también otorgarían una cierta cantidad de dinero para pagar las cuentas.

Juan regresó a Caen a tiempo para la Navidad, y contempló la encrucijada frente a él. Por alguna razón, el Oratorio no estaba dispuesto a apoyarlo, pero el llamado del Señor fue lo suficientemente claro. Llamó a los seis sacerdotes diocesanos que se habían convertido en sus leales colaboradores en las misiones, que también habían estado orando por el discernimiento en este proyecto. En la noche del 24 de marzo de 1643, dejaron a Caen juntos peregrinando a *Notre Dame de la Delivrande,* un

santuario mariano cercano. Pasaron la noche en oración y a la mañana siguiente, después de celebrar la Eucaristía, fundaron la Congregación de Jesús y María. Era la fiesta de la Anunciación, exactamente 20 años después de que Juan Eudes se uniera al Oratorio.

Más tarde, Juan Eudes explicaría esta nueva fundación a un joven seminarista: *"Recuerden que Dios estableció esta Congregación en su Iglesia con un triple propósito: Primero, proporcionarles los medios para alcanzar la perfección y la santidad en consonancia con el estado eclesiástico.*

La segunda es trabajar para salvar almas a través de misiones y otras funciones sacerdotales, la salvación de almas siendo obra de los Apóstoles, la obra de Cristo mismo, una obra tan digna y tan divina que parece que nadie puede superarla.

Sin embargo, hay una que las supera, a saber: trabajar por la salvación y la santificación del clero, que equivale a salvar a los salvadores, dirigir a los directores, enseñar a los maestros y pastorear a los pastores "[14].

Capítulo Siete

Un profeta del corazón

"Te daré un corazón nuevo y pondré mi
espíritu dentro de ti".

— Ezequiel 36; 28

*"Salve corazón santísimo, corazón bondadosísimo, humildísimo, purísi-
mo, devotísimo, sapientísimo y misericordiosísimo". Salve el corazón am-
orosísimo de Jesús y María. Te ofrecemos nuestro corazón, te lo consa-
gramos, lo sacrificamos, ilumínalo, santifícalo, vive y reina en él ahora y
para siempre* "[15].

Esta fue una oración que Juan Eudes y su nueva comunidad decían
juntos todos los días. Él compuso principalmente de los pasajes escritos
por los Santa Gertrudis y Matilde, dos místicas benedictinas del siglo
XIII. Estas hermanas habían escrito sus experiencias sobrenaturales en
una vida de contemplación, que giraba en torno a imágenes vívidas del
costado traspasado de Cristo y la sangre que manaba de su corazón por
amor a nosotros.

Como misionero, la imagen del Corazón fascinó a Juan Eudes. Para la enseñanza, era absolutamente claro y tangible. El corazón es un signo universal de amor, intimidad, personalidad, identidad ... En una época en la que Dios era visto a menudo como un poder distante, al hablar sobre el Corazón de Dios, podía comunicar que Dios es amor y misericordia.

Sin embargo, el corazón era más que una herramienta de catequesis. Santa Catalina de Siena, Gertrudis la Grande y la propia amiga de Juan Eudes, Marie des Vallées, habían pasado por una experiencia de un "trasplante místico de corazón". Cada uno venía a Cristo quitándose su propio corazón y reemplazándolo con el suyo propio. Había un misterio tentador aquí. Tocó lo que Juan enseñó sobre el bautismo como un lla-

mado a morir a nosotros mismos para seguir la voluntad de Dios y tener los mismos deseos que Cristo.

Un día, encontró todo resumido en un capítulo de Ezequiel: "rociaré agua pura sobre ti ... y de todos tus ídolos te purificaré". Te daré un corazón nuevo y un espíritu nuevo que pondré dentro de ti; Arrancaré de tu carne el corazón de piedra ... y pondré mi espíritu dentro de ti " (Ez 36: 25-27). Esta fue una base bíblica para explicar las experiencias místicas en la tradición. Más que eso, este pasaje resumió todos los elementos más importantes que Juan había recibido de sus mentores.

En el corazón de Jesús vio la Encarnación: una unión íntima de la divinidad con la humanidad cuando la Palabra se hizo carne. Hoy, este misterio se expresa en una oración susurrada durante el ofertorio: "por el misterio de esta agua y vino, podremos compartir la divinidad de Cristo, que se humilló a sí mismo para compartir nuestra humanidad".

También quedó claro que María fue la primera beneficiaria de esta "divinización" cuando entregó todo su corazón, todo su ser a Cristo en la Anunciación. Ella permitió que Cristo viviera en ella, de una manera muy literal. Juan Eudes lo dice de esta manera:

"Nos sólo Jesús vive y permanece continuamente en el Corazón de María, Él mismo es el corazón de su Corazón ... Jesús, tú estás en ella, vistiéndola con tus cualidades y perfecciones, inclinaciones y disposiciones, imprimiendo en ella una imagen más perfecta de ti mismo, haciéndola tan parecida a ti que quien ve a Jesús ve a María, y quien ve a María contempla a Jesús "[16].

Esta unión requirió su "sí" en la Anunciación y un esfuerzo continuo a lo largo de su vida. Por lo tanto, su corazón se convierte en el ejemplo para todos los cristianos bautizados porque la vida cristiana requiere una "trasplante de corazón". Debemos morir al mundo y a nosotros mismos, para poder amar con el Corazón de Cristo y ser "pequeños Cristos" en la tierra.

A partir de este punto, el Corazón se convirtió en la obsesión de Juan Eudes. Reunió todas las referencias bíblicas que pudo encontrar, y se convirtió en el primero en diseñar una doctrina teológica sistemática para explicarlo. De hecho, en su canonización, a Juan Eudes se le dio el

La estatua de San Juan Eudes en la Basílica de San Pedro en Roma.

título de "Padre, Doctor y Apóstol de la devoción litúrgica a los Corazones de Jesús y María" porque fue el primero en llevar esta doctrina del misticismo y los monasterios a la vida cristiana pública.

Comenzó a fundar congregaciones de devoción al Sagrado Corazón en cada ciudad donde llevaba a cabo una misión. Escribió un manual de devoción que esbozaba una forma de vida modelada según el Corazón de María, que se convertiría en la regla de vida para una orden de misioneros laicos, la tercera orden que finalmente encontraría. Compuso una misa en honor a la unión del corazón de María al corazón de Jesús, que se celebró por primera vez en público el 8 de febrero de 1648. Fue en la diócesis de Autun, donde se seguiría celebrando todos los años, y donde en 1673-74, una joven monja llamada Margaret Marie Alacoque tendría sus visiones del Sagrado Corazón. Jesús le pediría a ella que difundiera la devoción al Sagrado Corazón, especialmente los primeros viernes, y que celebrara una misa en su honor. San Juan Eudes acababa de escribir la primera misa en honor del Sagrado Corazón, y sus textos fueron elegidos para ser utilizados por la Iglesia universal durante ya casi 300 años.

La década de 1670 fue el comienzo de un incendio forestal de devoción que se extendió por todo el mundo en el siglo siguiente. En 1899, una hija espiritual de San Juan Eudes, Bl. Maria Droste, le pediría al Papa León XIII que dedique el mundo al Sagrado Corazón. En 1956, el Papa Pío XII "declararía sin vacilación que el Sagrado Corazón es la escuela más efectiva del amor de Dios ... que es el fundamento sobre el cual se construye el Reino de Dios"[17].

La devoción al Inmaculado Corazón también aparecería escena en 1917 cuando Nuestra Señora se presentó como la Inmaculada Concepción durante su aparición en Fátima. El Papa San Juan Pablo II describió más tarde cómo encaja esto en el método usado por Dios para introducir la devoción al Corazón de María: Él dijo: "En su mayor parte, no fue hasta el siglo XVII cuando bajo la influencia de San Juan Eudes esta devoción se extendió. En nuestro propio siglo vemos que el mensaje de Nuestra Señora en Fátima y la consagración del mundo en 1942 al Inmaculado Corazón de María por mi predecesor, el Papa Pío XII ... nos han ayudado a apreciar la importancia de esta devoción. "Esto nos muestra cuán importante fue el papel de San Juan Eudes como precursor de la devoción a los Dos Corazones. Corazones que él siempre enseñó eran inseparables.

Conclusión

Fieles a la Cruz

"Puesto que hemos muerto con Él, creemos que también resucitaremos con É l".

— Romanos 6: 8

Aunque Juan Eudes vio una gran gracia derramándose en su vida, no fue un camino fácil. En su representación del Sagrado Corazón, siempre mostró el fuego y la cruz, porque sabía por experiencia que amar con el Corazón de Cristo implicaba una dificultad real. Él una vez escribió:

"Pon tus ojos en un crucifijo y ve lo que Cristo sufrió para salvar las almas. ¿Cómo puedes ser contado entre sus miembros a menos que te conformes con Él? ¿Se debe escribir un nuevo Evangelio para ti? ¿Quieres que Dios envíe a otro Mesías, uno de miel y rosas? "[18]

En todos los proyectos que fue pionero, hubo momentos de intenso juicio y sufrimiento total. Sin embargo, una vez que creyó que el proyecto era la voluntad de Dios, nunca se dio por vencido hasta que se cumplió.

Durante décadas, sus nuevas fundaciones estuvieron al borde de la extinción. En 1646, sus hijas espirituales finalmente recibieron la aprobación del consejo de la ciudad para operar su casa de refugio en Caen. Este fue el primer paso vital, que tuvo que ser seguido por la aprobación eclesial. El obispo, Jacques d'Angennes, comenzó a preparar los documentos, pero murió antes de poder firmarlos. Esta muerte fue un gran revés, porque el obispo d'Angennes había sido su único protector contra algunos enemigos muy influyentes.

De hecho, estos enemigos eran principalmente miembros de la comunidad de Juan Eudes, los Oratorianos. Claramente, su despedida había dejado algo de mala sangre porque comenzaron a oponerse activamente a sus proyectos, incluso publicando panfletos llenos de calumnias contra él. Fueran cuales fueren los insultos, Juan Eudes los aceptó con calma y comenzó a referirse a estos manifestantes como sus

"benefactores". ¿Por qué? Porque ayudaron a la comunidad a crecer en santidad al probar su paciencia.

En 1650, cuando un nuevo obispo fue escogido para suceder a Msgr. D'Angennes, estos "benefactores" lo convencieron de que Juan Eudes era un "innovador" peligroso. Se dio una orden de que el seminario en ciernes debía cerrarse, y el altar en su capilla debía ser destruido. Otro duro golpe, especialmente desde que obtuvieron permiso legal para operar. Sin embargo, no fue el final del trabajo del Señor. Justo dos días antes de que la orden se llevara a cabo, el obispo de Coutances le pidió a la comunidad que abriera un seminario en su diócesis. El pequeño grupo de 9 sacerdotes se mudó a la diócesis vecina para continuar su trabajo una semana más tarde, casi sin interrupción.

Como dice la Escritura: *"Después de haber sufrido un poco, el Dios de toda gracia que los llamó a su gloria eterna por medio de Cristo Jesús, Él mismo les restaurará, confirmará, fortalecerá y establecerá. A Él sea dominio para siempre. Amén "* (1 Pedro 5: 10-11)

Juan Eudes vio la restauración, el establecimiento y la confirmación referidos en estos versículos. Cuando se construyó la capilla del seminario en Coutances, se convirtió en la primera iglesia dedicada a los Corazones de Jesús y María en la historia. Juan Eudes y su amiga Marie des Vallees juntos pusieron la primera piedra. Sólo dos años después, en 1652, se le permitió reabrir el seminario de Caen. El siguiente obispo lo llamaría el seminario diocesano oficial, y en 1658, 350 seminaristas de toda Normandía serían ordenados allí, todos formados por Juan Eudes y su pequeña comunidad.

Nuestra Señora de la Caridad también comenzó a crecer, expandiéndose en 4 ciudades con la ayuda de asociados laicos de la Confraternidad del Sagrado Corazón.

Se habían conectado claramente con una necesidad real en la sociedad, pero la idea de que las monjas que viven en la misma casa que las prostitutas era tan radical, recibieron constantes críticas de las autoridades de la Iglesia. En cuatro ocasiones, un sacerdote de la pequeña familia Eudista fue enviado a Roma (generalmente a pie), para buscar la aprobación papal de los tres institutos Eudistas. Sin embargo, "los benefactores habituales" también estaban bien conectados allí, y bloquearon continuamente sus esfuerzos.

En 1673 todo lo que se había construido entró en grave peligro. Un documento falso se circuló en París, declarando que Juan Eudes era más leal al Papa que al Rey de Francia. En ese momento, este era uno de los puntos calientes políticos más peligrosos, que recientemente había llevado a la gente a ser ejecutada. Juan Eudes estaba en París en ese momento, predicando una misión, y se le aconsejó que se fuera rápidamente de la ciudad y nunca regresara. Pasó seis años en la desgracia real, que en cualquier momento se convirtió no solo en un peligro para su vida, sino en la destrucción de todo para lo que había trabajado. Juan Eudes vivió una larga vida de prueba y trabajo duro, todo por el amor de Dios. Fue un ejercicio continuo de apartar su propia voluntad de apegarse a la voluntad de Dios. Él sobrevivió a todos sus amigos más cercanos, y siguió trabajando y predicando hasta que tenía casi 80 años.

A fines de 1678, estuvo presente en la primera asamblea general de su Congregación de sacerdotes, convocada para elegir a su sucesor. El hijo de sus amigos más cercanos, el Padre Jacques Blouet de Camilly fue

elegido. En una escena conmovedora, el venerable misionero pidió que le trajeran al joven sacerdote. Lentamente se puso de rodillas y juró obediencia a su superior por el resto de su vida. Unas semanas más tarde, murió pacíficamente después de recibir la Eucaristía, con las alabanzas de Jesús y María en sus labios como sus últimas palabras.

Una vez había escrito: *"Señor, que toda mi vida sea un sacrificio perpetuo de amor y alabanza para ti. Que mi último aliento sea un acto de amor más puro por ti ".*[19]

¿El Señor le concedió esta oración? Sí. Nos dejó un brillante ejemplo de un sacerdote, un misionero y un cristiano bautizado, cuyo corazón ardía en amor por Dios y por su pueblo, especialmente por aquellos que necesitaban misericordia.

Toda su vida fue impulsada por el deseo de unir su corazón al Corazón de Cristo tan completamente como lo hizo Nuestra Santísima Madre. En las representaciones de hoy, se le muestra con un corazón en la mano, porque este gran Corazón amaba demasiado profundamente como para guardarlo en su pecho. Este amor es el fuego que lo impulsó hacia la misión. Si nos lo permitimos, nosotros también podemos ser atrapados en esta hoguera de amor misericordioso que anhela consumir el mundo. *"He venido a incendiar el mundo, y cómo me gustaría que ya estuviera ardiendo".*

Acerca de la familia Eudista

Durante toda su vida, la actividad misionera de San Juan Eudes tuvo tres áreas principales de enfoque:

- Para los sacerdotes, proporcionó formación, educación y el apoyo espiritual que es crucial para su papel en el plan de salvación de Dios.

- Para las prostitutas y otras personas al margen de la sociedad, les dio un hogar y les curó las heridas, como el Buen Pastor con su oveja perdida.

- Para los laicos, predicó la dignidad de su bautismo y su responsabilidad de ser las manos y los pies de Dios, para continuar la Encarnación.

En todo lo que hizo, ardió en el deseo de ser un ejemplo viviente del amor y la misericordia de Dios.

Estos son los "valores familiares" que continúan inspirando a quienes continúan su trabajo. Parafraseando a San Pablo, Juan Eudes sembró semillas, que otros regaron a través de las instituciones que él fundó, y Dios dio el crecimiento. Hoy, el árbol genealógico sigue dando frutos:

La Congregación de Jesús y María (CJM), también conocida como Los Eudistas, continúa el esfuerzo de formar y cuidar a los sacerdotes y otros líderes dentro de la Iglesia. San Juan Eudes llamó a esto la misión de "enseñar a los maestros, pastorear a los pastores e iluminar a los que son la luz del mundo". Continuando con sus esfuerzos como predicador misionero, los sacerdotes y hermanos Eudistas "audazmente buscan

Jesús entregó su corazón a San Juan Eudes, al igual que María dio su corazón a Jesús. Pintado en la iglesia que una vez sostuvo la tumba del santo, en Caen, Francia.

abrir nuevas avenidas" para la evangelización, "a través de la televisión, la radio y los nuevos medios".

Las Religiosas del Buen Pastor (RBP) continúan alcanzando a las mujeres en situaciones difíciles, proporcionándoles un lugar de refugio y sanación profundamente necesario mientras buscan una nueva vida. Santa María Eufrasia expandió drásticamente el alcance de esta misión que ahora opera en más de 70 países en todo el mundo. Una verdadera heredera de San Juan Eudes que exhortó a sus hermanas: "Debemos ir tras la oveja perdida sin otro descanso que la cruz, no hay otro consuelo que el trabajo, y ninguna otra sed que la justicia".

En cada seminario y Casa de Refugio fundada por San Juan Eudes, él también estableció una Confraternidad del Corazón de Jesús y María para los laicos, ahora conocidos como los Asociados Eudistas. La misión que les dio fue doble: Primero, "glorificar los corazones divinos de Jesús y María ... trabajando para hacerlos vivir y reinar en su propio corazón a través de la imitación diligente de sus virtudes". Segundo, "trabajar por la salvación" de las almas ... practicando, de acuerdo con sus habilidades, obras de caridad y misericordia y logrando numerosas gracias mediante la oración por el clero y otros trabajadores apostólicos ".

Las Hermanitas de los Pobres fueron una consecuencia de esta cofradía. Santa Jeanne Jugan se formó como una mujer consagrada dentro de la Familia Eudista. Ella descubrió la gran necesidad de amor y misericordia entre los pobres y los ancianos, y la misión adquirió vida propia. Les transmitió la intuición Eudista de que los pobres no son simplemente receptores de la caridad, sino que proporcionan un encuentro con la propia Caridad: "Hijitos míos, nunca olviden que los pobres son Nuestro Señor ... Al servir a los ancianos, es Él A quien sirves ".

Un último "brote" en el árbol fue fundado por la Madre Antonia Brenner en Tijuana, México. Después de criar a sus hijos en Beverly Hills y sufrir el divorcio, siguió el llamado de Dios para convertirse en una ministra de prisión interna en la penitenciaría de La Mesa en Tijuana, México. *Las Siervas Eudistas de la Undécima hora* se fundaron para que otras mujeres en la última parte de sus vidas pudieran imitarla en "ser amor" a los más necesitados.

El ejemplo que San Juan Eudes estableció para vivir el Evangelio ha inspirado a muchas más personas y organizaciones en todo el mundo. Para obtener más información acerca de la familia Eudista, noticias sobre próximas publicaciones o formas de compartir nuestra misión, contáctenos en spirituality@eudistsusa.org.

www.eudistsusa.org

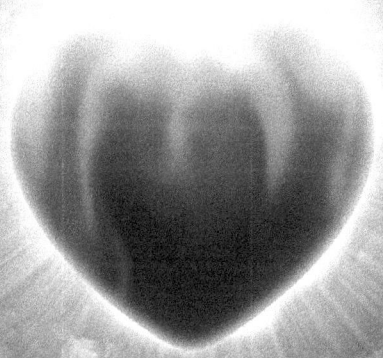

Somos misioneros
de la misericordia.

THE
EUDISTS
CONGREGATION OF
JESUS AND MARY

Referencias

Introducción — Un corazón en llamas

1. Juan Eudes. *Obras Escogidas*. Bogota: Centro Carismatico Minuto de Dios (1990), p. 658.

Capítulo Uno — Un Adorador de la Verdad

2. Ibíd. p. 609.
3. Ibíd. p. 610.

Capítulo Dos — Un amante de Jesús y María

4. Ibíd.

Capítulo Tres — Un Discípulo y Evangelista

5. Ibíd. p. 612.

Capítulo Cuatro — Un Misionero de la Misericordia

6. Triboulet, Raymond. "St. Jean Eudes et Gaston de Renty," *Cahiers Eudistes* #17, Rome: Eudist General House (1995), p. 13-23.
7. Juan Eudes. *Vida y reino de Jesús en las almas cristianas*. Usaquen-Bogota: Editorial San Juan Eudes (1956), p. 51.

Capítulo Cinco — Formando el Reino de Jesús

8. Paul Milcent. *Jean Eudes, Artisan du Renouveau Chretien au XVIIe Siecle*, p. 49.
9. Milcent, p. 469. Cf.
10. Milcent, p. 50. Cf.
11. Milcent, p. 214.
12. Juan Eudes. *Leccionario propio de la liturgia de las horas*. Barcelona: Regina (1981), p. 32.

Capítulo Seis — Un Pastor para los pastores

13. Milcent, p. 98.
14. Clement Guillon. *En todo la voluntad de Dios: San Juan Eudes a traves de sus cartas*. Bogota: Centro Carismatico Minuto de Dios (1986), p. 72.

Capítulo Siete — Un Profeta del Corazón

15. Juan Eudes. "El corazon de la familia sagrada: un manual de oraciones por San Juan Eudes." *Devocionarios Eudistas.* Solana Beach, CA: Eudist Press International (2019), p. 6.
16. Robert de Pas. *María, icono de Jesús: textos de San Juan Eudes.* Bogota: Centro Carismatico Minuto de Dios (Sin fecha), p.16.
17. Pío XII. *Haurietis Aquas - Carta Encíclica*. 1956, #123.

Conclusión — Fiel a la Cruz

18. Guillon, p. 61.
19. Juan Eudes. *Oeuvres Completes*. Tomo XII. Paris: Beauchesne (1911), p. 168.

Sobre el autor

Steven S. Marshall es un especialista de la herencia espiritual de San Juan Eudes. Tiene una maestría en teología espiritual del Seminario de St. John en Camarillo, CA. Se le otorgaron los más altos honores a su tesis: "Eudist Brothers: Living Communion Ecclesiology 'Before it was Cool'". Vivió en Normandía, Francia, durante un año como una de las 15 personas en un programa especializado de estudios de espiritualidad eudista. Allí, caminó los pasos de San Juan Eudes y se sentó a los pies de maestros espirituales de todo el mundo. Ahora es director ejecutivo y teólogo de la Familia Eudista en los Estados Unidos y vive con su esposa en el sur de California.

Steven S. Marshall

www.ingramcontent.com/pod-product-compliance
Lightning Source LLC
Chambersburg PA
CBHW071642040426
42452CB00009B/1737